2025년 6월 10일 초판 6쇄 펴냄

지음 · 도기성
감수 · 민준홍(ICT 융합 산업 연구원, 카카오 대외 협력팀)
채색 · 고금선
표지 채색 · 김란희

펴낸이 · 이성호
펴낸곳 · (주)글송이

편집/디자인 · 한수정, 박자연, 오영인
마케팅 · 이성갑, 윤정명, 이현정, 문현곤, 이동준
경영지원 · 최진수, 이인석, 진승현

출판 등록 · 2012년 8월 8일 제2012-000169호
주소 · 서울시 서초구 능안말1길 1(내곡동)
전화 · 578-1560~1 **팩스** · 578-1562
이메일 · gsibook01@naver.com

ⓒ도기성, 2018

ISBN 979-11-7018-421-8 74400
    979-11-7018-360-0 (세트)

*이 도서의 국립중앙도서관 출판시도서목록(CIP)은 서지정보유통지원시스템 홈페이지(http://seoji.nl.go.kr)와
국가자료공동목록시스템(http://www.nl.go.kr/kolisnet)에서 이용하실 수 있습니다.(CIP제어번호: CIP2018030433)

감수의 글

　가상 현실과 증강 현실은 '연결의 기술'입니다. 가 보지 못한 곳을 체험할 수 있도록 연결해 주고, 눈에 보이지 않는 정보를 연결해 주기도 합니다. 이제 모든 정보가 눈앞에 펼쳐지는 것이지요. 가상 현실과 증강 현실을 알아가면서 앞으로 미래 모습이 어떻게 바뀔지 예측해 보면 어떨까요?

　가상 현실과 증강 현실은 이미 우리 삶에 많은 도움을 주고 있습니다. 고소 공포증처럼 생활에서 불편함을 주는 여러 공포증을 극복하도록 가상 현실 기술이 쓰이고 있습니다. 또 사고 싶은 물건을 가게에서 직접 보지 않고도 온라인에서 살 수 있게 되었습니다. 집에서 물건을 꼼꼼히 살펴보도록 증강 현실 기술을 적용하고 있기 때문이지요.

　《퀴즈! 과학 상식-가상 현실·증강 현실》은 우리 생활에서 이처럼 비중이 높아지고 있는 가상 현실과 증강 현실 정보를 어린이들이 쉽게 알 수 있도록 재미있게 소개했습니다. 어린이들이 이 책을 통해 가상 현실과 증강 현실의 개념과 원리를 배우고 여러 활용 사례 등을 접하며, 미래의 과학 기술인으로 성장하는 꿈과 지식을 키워 가기 바랍니다.

ICT 융합 산업 연구원 민준홍

펴내는 글

　과학은 세상을 이해하기 위한 방법입니다. 아주 먼 옛날, 사람들이 도저히 이해할 수 없었던 여러 가지 자연 현상들도 오늘날 우리에겐 쉬운 기초 지식 정도에 지나지 않지요. 그것은 바로 '과학의 힘'입니다.

　역사 속의 수많은 과학자가 없었다면 오늘날의 우리도 원시인들과 크게 다르지 않은 생활을 하고 있었을 거예요. 과학은 '왜?'라는 호기심에서 출발하기 때문에 세상에 대한 호기심이 없다면 과학을 잘할 수가 없습니다.

　아는 만큼 보이고 이해하게 됩니다. 평소에 무심히 지나쳤던 부분들도 조금씩 알게 되면 없던 관심도 생긴다는 뜻이지요.

　어린이들은 어른들에 비해 호기심이 많기 때문에 곧잘 무언가에 빠져들곤 합니다. 하지만 자기가 빠져들었던 대상이 생각보다 너무 어려우면 곧 싫증을 내기도 하지요. 이 책은 어린이들이 관심의 끈을 놓지 않고 계속 빠져들 수 있도록 쉽고 재미있게 꾸며졌습니다. 말썽꾸러기 주인공들이 벌이는 엉뚱한 사건을 보며 신나게 즐기다 보면 자기도 모르는 사이에 과학 상식이 풍부한 어린이가 될 거예요.

　그리고 그 상식들을 발판으로 해서 어린이 여러분은 더 높은 과학의 세계로 갈 것입니다.

도서출판 글송이 편집부

1장. 신기한 가상 현실

1. VR이란 무엇일까? · 16
2. VR 영상은 어떻게 볼 수 있을까? · 20
3. VR 영상은 왜 입체로 보일까? · 24
4. 헤드 트래킹이 뭘까? · 30
5. 아이 트래킹이 뭘까? · 36

6. VR 속 사물을 어떻게 움직일까? · 42
7. VR 속에서 걷고 뛸 수 있을까? · 46

8. 햅틱이란 무엇일까? · 50
9. VR 속에서 냄새를 맡을 수 있을까? · 54
10. VR 속에서 맛을 느낄 수 있을까? · 58
11. 케이블 로봇 시뮬레이터란? · 62

12. 허공에 그림을 그릴 수 있을까? · 68
13. VR 만화도 있을까? · 74
14. VR로 운전 연습을 할 수 있을까? · 78

⑮ 우주 비행사들이 VR로 훈련한다고? · 82

⑯ 하늘을 날게 해 주는 VR 기계는? · 86

⑰ VR로 여행을 할 수 있을까? · 90

⑱ VR로 환자를 치료할 수 있을까? · 94

⑲ VR의 문제점은 무엇일까? · 100

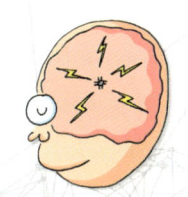

⑳ 미래의 VR은 어떤 모습일까? · 106

인체의 5가지 감각 센서 · 110
미래의 기술은 어떤 모습으로 발전할까? · 111

2장. 놀라운 증강 현실

❶ AR이란 무엇일까? · 114

❷ AR의 원리는 무엇일까? · 118

❸ AR은 어떻게 발전했을까? · 122

❹ 스마트 글라스가 뭘까? · 128

❺ AR이 VR보다 더 좋은 점은? · 134

❻ AR을 처음으로 사용한 곳은? · 138

❼ AR로 수술을 할 수 있을까? · 142

❽ AR로 길을 찾을 수 있을까? · 146

❾ 과거 모습을 볼 수 있는 AR 서비스는? · 150

❿ 책을 3D 입체로 볼 수 있다고? · 154

⓫ 몸속을 보여 주는 티셔츠가 있을까? · 160

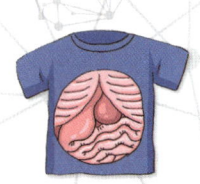

⓬ AR이 전쟁에도 사용될까? · 164

⓭ AR로 상대방의 정보를 알 수 있을까? · 168

⓮ AR은 어떻게 사용되고 있을까? · 172

⓯ UI는 무슨 뜻일까? · 176

⓰ AR이 해결해야 할 미래의 문제는? · 182

GPS의 원리 · 188
GPS는 누가, 왜 만들었을까? · 189

등장인물

뾰롱이
꾀 많은 장난꾸러기. 아는 것도 많고 호기심도 많아 가상과 증강 현실을 공부하는 재미에 푹 빠져 있다. 엉뚱한 사건을 벌이고 다니느라 바쁜, 귀여운 사고뭉치!

꼬양이
뾰롱이와 함께 사는 먹보 고양이. 뾰롱이에게 구박도 많이 받지만 때로는 뾰롱이를 골탕 먹이기도 한다. 엉뚱하기로 따지자면 뾰롱이와 막상막하!

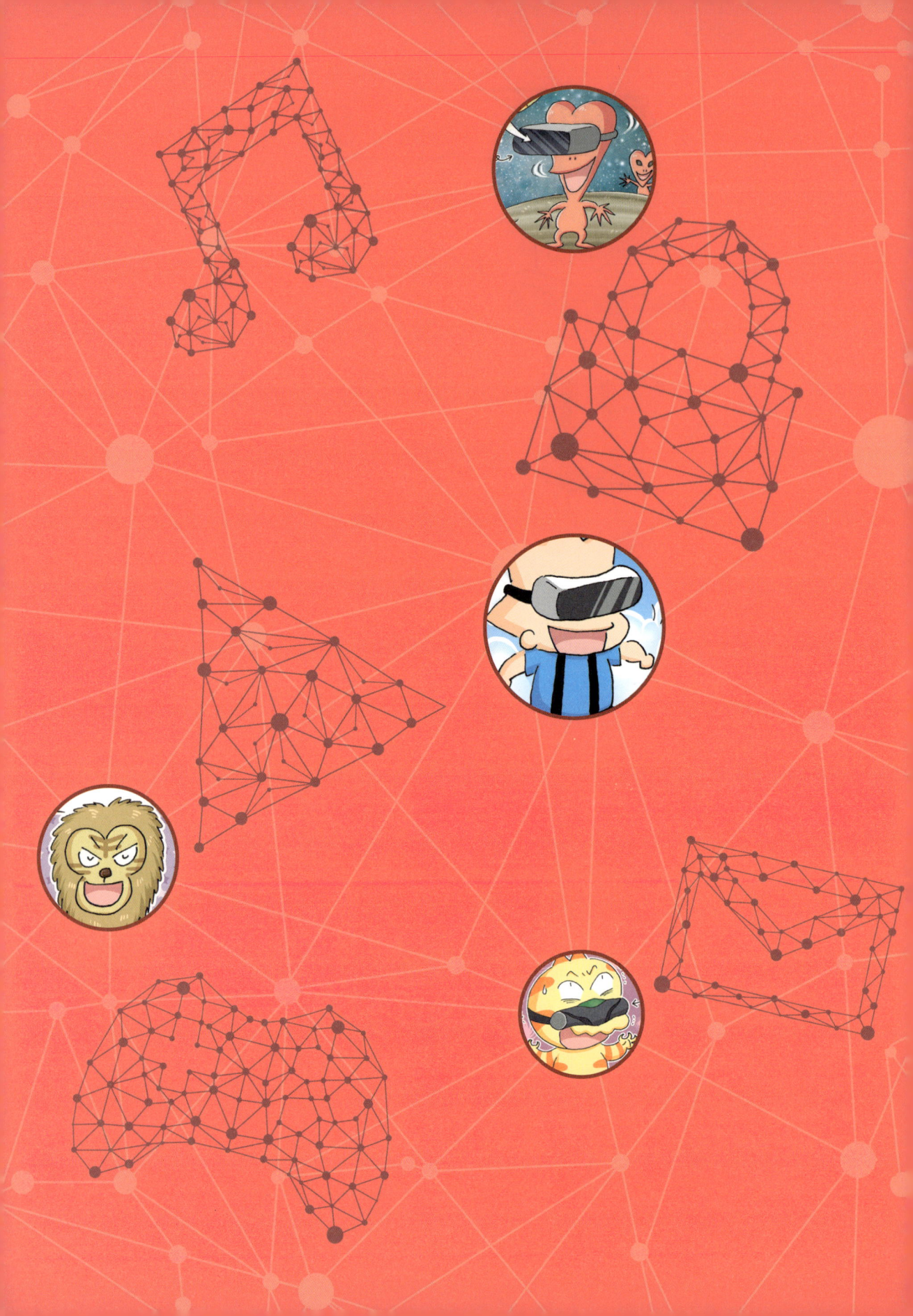

VR이란 무엇일까?

헤헤, 재미있다!

그게 뭐야?

이건 VR이야!

VR이 뭔데?

VR도 몰라?

모르니까 묻지!

VR 제목이 '바다의 좀비'거든.

기절했다.

오줌도 쌌다.

간 떨어지는 줄 알았잖아!

그래서 조심하라고 했잖아!

VR의 의미

VR은 '가상 현실'이라는 뜻으로, 컴퓨터를 통해 가상의 세계에서 사람이 실제와 같은 체험을 하게 해 주는 최첨단 기술을 말한다. VR에는 '이미지·몰입감·상호 작용'이라는 3가지 요소가 있다. 꾸며진 가상 세계를 현실처럼 느껴야 하기 때문에 이 VR의 3요소가 하나라도 없으면 현실감이 떨어진다. VR은 '인공 현실·사이버 공간·가상 세계' 라고도 한다.

QUIZ 2

VR 영상은 어떻게 볼 수 있을까?

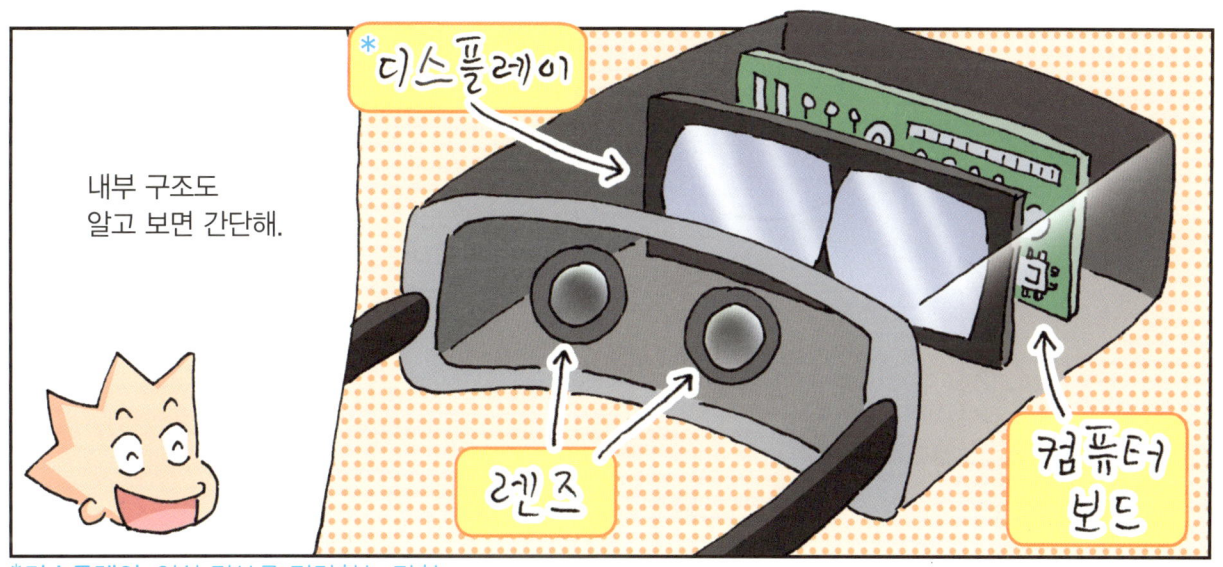

*디스플레이: 영상 정보를 전달하는 장치.

쉽게 만들 수 있는 HMD?

HMD는 머리에 쓰고 영상을 볼 수 있는 영상 표시 장치이다. HMD의 제품은 오디세이·오큘러스 리프트·윈도우 MR·삼성 기어 VR 등 여러 가지가 있다. 2014년, 검색 서비스 기업 구글이 HMD를 만드는 도면을 무료로 공개했다. 이 HMD의 이름은 '구글 카드 보드'로 여기에 스마트폰을 끼워 각각의 렌즈로 보면 VR 영상을 즐길 수 있다.

QUIZ 3

VR 영상은 왜 입체로 보일까?

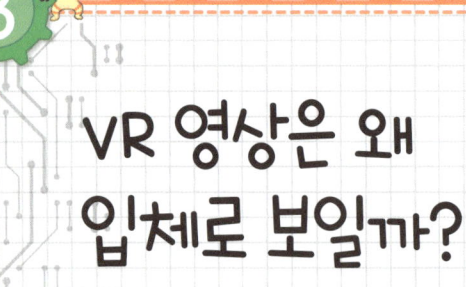

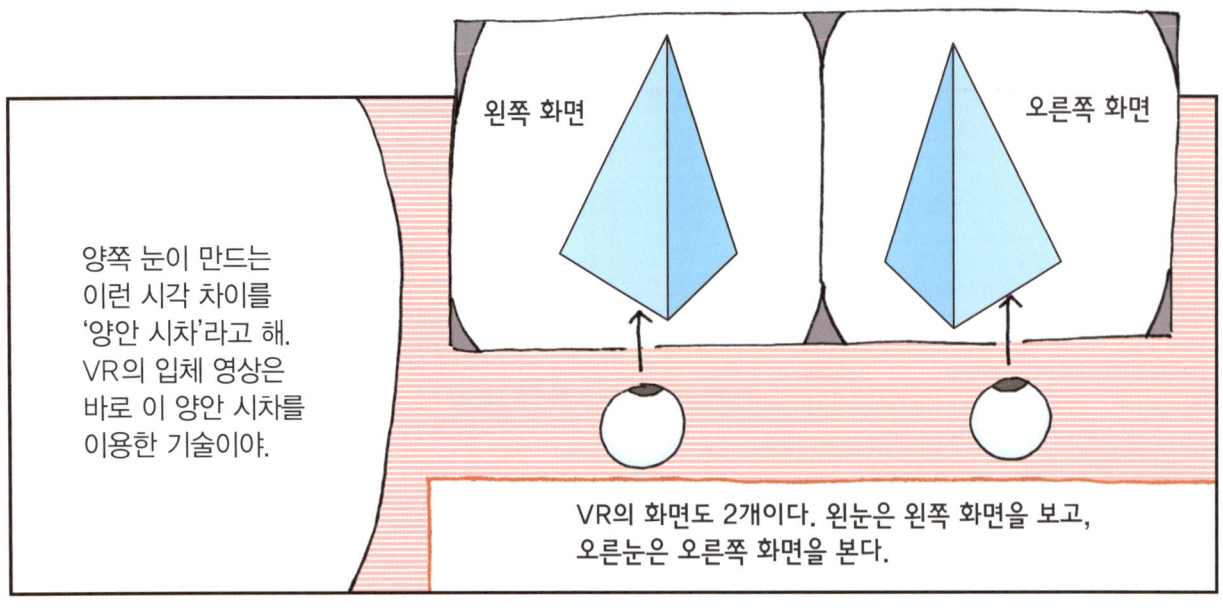

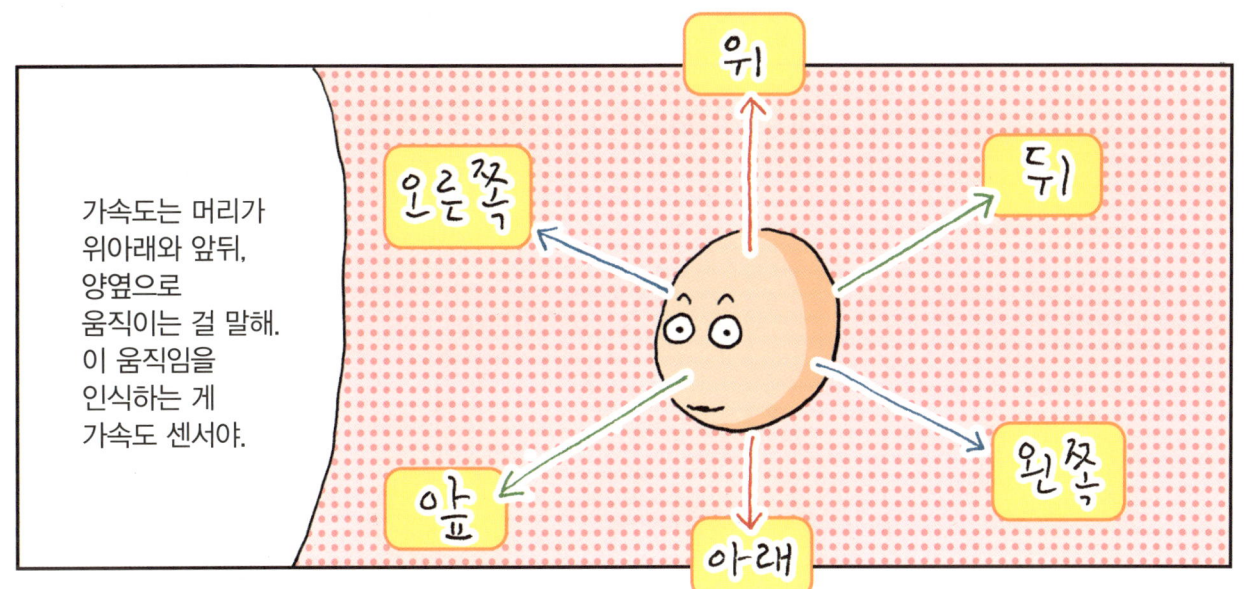

가속도는 머리가 위아래와 앞뒤, 양옆으로 움직이는 걸 말해. 이 움직임을 인식하는 게 가속도 센서야.

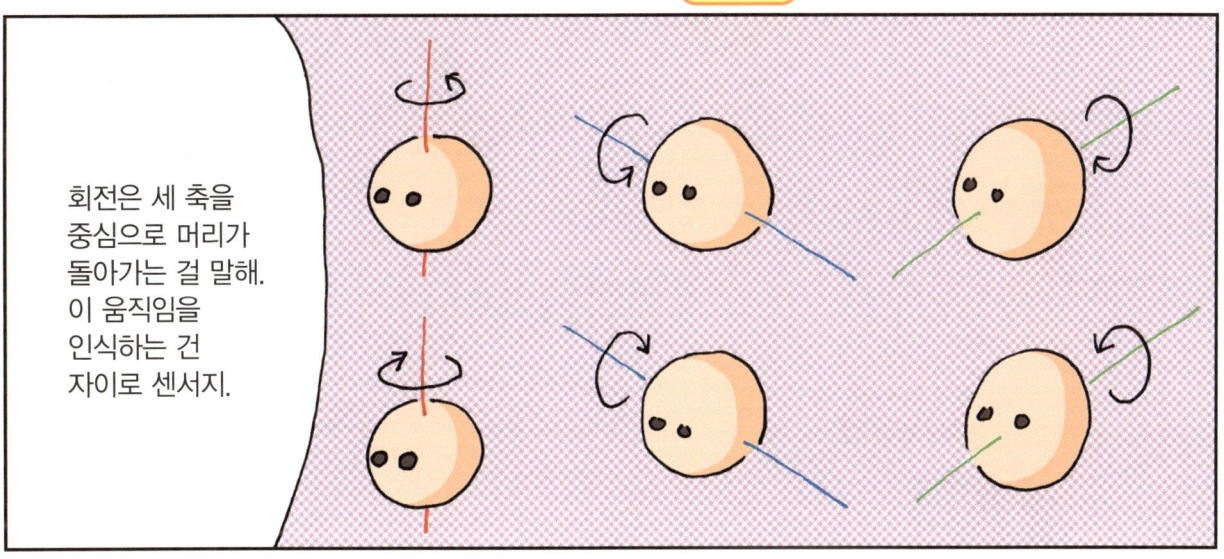

회전은 세 축을 중심으로 머리가 돌아가는 걸 말해. 이 움직임을 인식하는 건 자이로 센서지.

움직임을 인식하는 센서가 하나만 있는 게 아니구나?

우리 머릿속에도 그런 센서가 들어 있어.

정말…?

귓속에 있는 세반고리관이 자이로 센서 역할을 해. 그리고 타원주머니와 둥근주머니가 가속도 센서 역할을 하지.

세반고리관

(반쪽짜리 고리처럼 생긴 관이 3개라서 세반고리관이다.)

타원주머니

둥근주머니

헐~!

내 머릿속에 그런 센서가 있었다니….

왠지 로봇이 된 기분이야!

사실은 우리도 로봇이야. 자연이 만든 로봇!

지금까지 과학이 밝혀낸 사실들 중에서 가장 중요한 것 하나를 꼽으라면, 그것은 우주의 모든 것이 원자로 이루어져 있다는 사실이다. －리처드 파인만－

우리 몸도 원자로 이루어져 있거든!

안녕? 난 인공 지능 로봇이야!

으... 응, 난 자연 지능 로봇이야!

영화에도 쓰인 헤드 트래킹!

일본의 전자 회사 소니는 1996년에 '글래스트론'이라는 이름의 HMD를 출시했다. 글래스트론은 영화를 보기 위한 HMD 장치로서 최초의 도전이었기 때문에 대중에게 높이 평가받고 있다. 글래스트론은 머리의 움직임에 따라 눈앞의 영상이 자동으로 바뀌는 헤드 트래킹 기술이 들어 있어 높은 몰입감을 느낄 수 있게 돕고 있다.

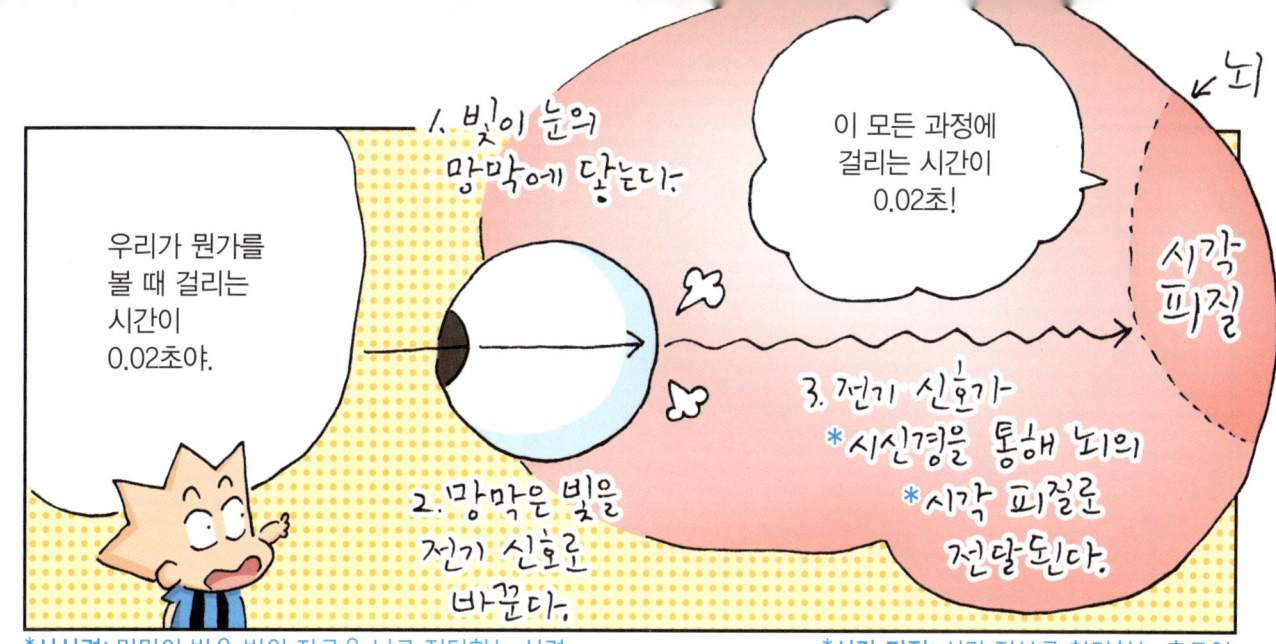

VR 속 사물을 어떻게 움직일까?

…. 뭘 그렇게 생각해?

뭘 발명할까 생각하는 중이야. 발명이라니?

지금은 4차 산업 시대! 자고 일어나면 새로운 발명품들이 생겨나는 시대야!

그래서 나도 뭘 좀 발명해 보려고. 하하, 기특한 생각이네!

드디어 발명했다!

그게 뭔데?

꿈 컨트롤러야!

꿈도 가상 현실이잖아? 그런데 꿈속에서 귀신을 만나면 무서워서 몸이 안 움직이지?

그럴 때 꿈 컨트롤러의 버튼을 누르면 내 마음대로 몸을 움직일 수 있어!

나 잡아봐라~!

문제는 꿈속에서 그게 꿈인지 모른다는 사실이지!

으으…!

무용지물

꿈속에서 꿈을 알아차리는 컨트롤러를 발명했어!

아, 쎄! 꿈인지 알아야 버튼을 누르든지 말든지 할 거 아냐?

동작을 인식하는 컨트롤러

VR 컨트롤러는 VR 속에서 사용자의 동작을 인식해 사물을 만지거나 움직일 때 사용한다. 컨트롤러에 중력·가속도 센서·*자기력 등이 달려 있어서 VR 속에서 직접 팔을 움직일 수 있다. 캐나다 IT(정보 통신 기술) 회사에서 개발한 '마이오'라는 근육 인식 컨트롤러를 팔에 착용하면 8개의 센서가 근육에 흐르는 전기 신호를 인식해서 작동한다.

*자기력: 자석과 전류가 서로 끌어당기거나 밀어냄으로써 서로에게 미치는 힘.

QUIZ 7

VR 속에서 걷고 뛸 수 있을까?

VR 속에서 바위가 내 쪽으로 굴러오면 어떻게 피하지?

어떻게 피하긴? 옆으로 피하면 되지!

VR 속에서 몸을 움직일 수도 있어?

물론이지!

트레드밀을 이용하면 VR 속에서 자유롭게 몸을 움직일 수 있어!

트레드밀?

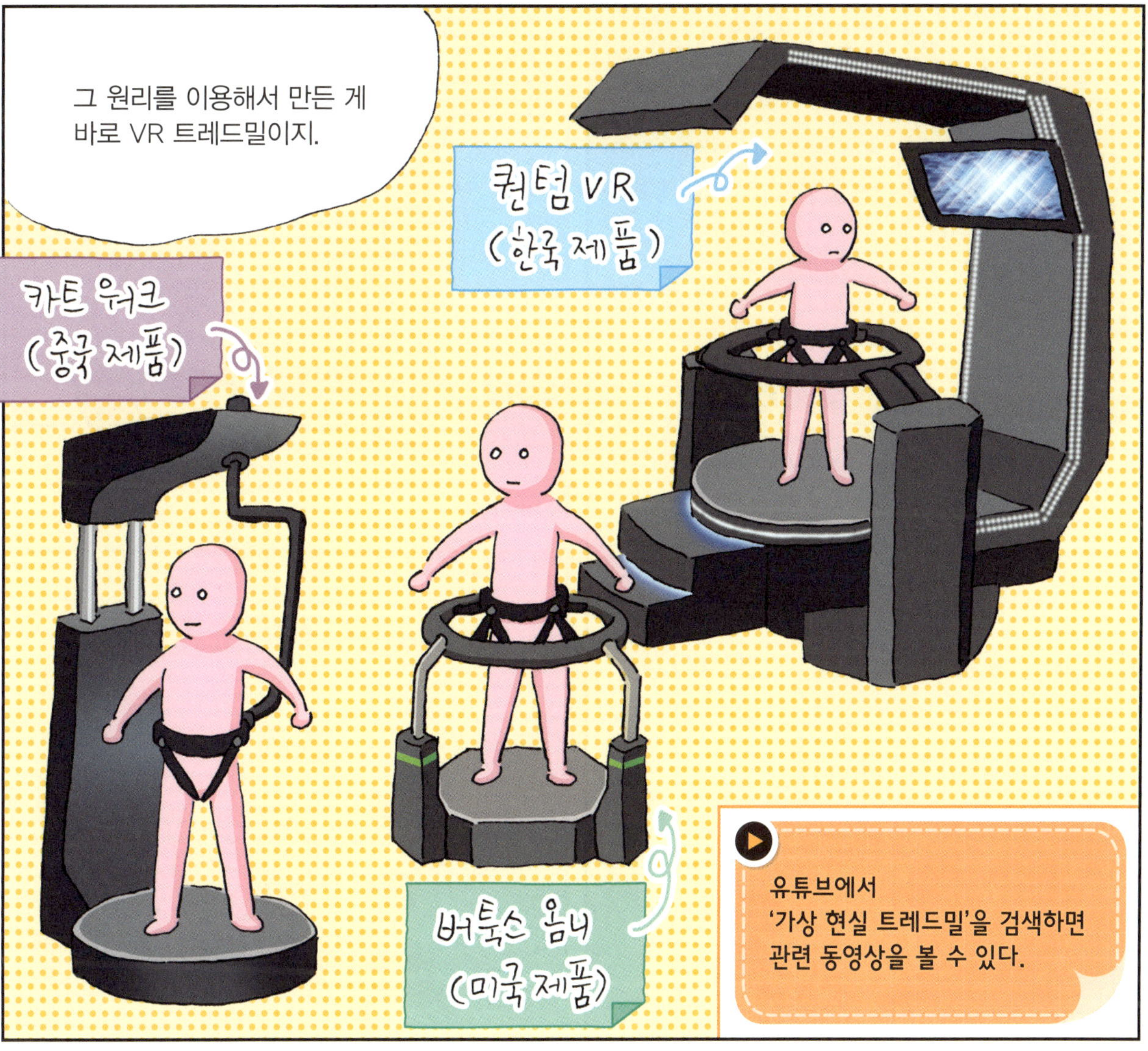

VR 트레드밀의 쓰임새

VR 게임을 할 때 사용자가 실제와 비슷한 체험을 할 수 있도록 만든 것이 VR 트레드밀이다. VR 트레드밀은 다양한 분야에서 사용한다. 게임은 물론 다이어트를 비롯한 각종 스포츠에도 활용되고 있다. 또 의료·재난·군사 훈련 등에서도 효과적으로 쓰인다. VR 트레드밀을 이용하면 실제와 같은 느낌으로 훈련할 수 있어서 교육 효과가 매우 높기 때문이다.

QUIZ 8
햅틱이란 무엇일까?

그게 뭐야?

HMD잖아. 네가 가르쳐 줘 놓고도 모르냐?

아니, 손에 낀 거 말이야!

아, 이거?

이건 햅틱 장갑이야.

햅틱이 뭔데?

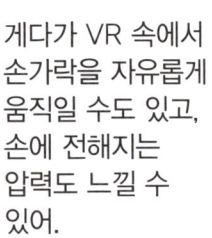

게다가 VR 속에서 손가락을 자유롭게 움직일 수도 있고, 손에 전해지는 압력도 느낄 수 있어.

유튜브에서 '햅틱 장갑'을 검색하면 관련 동영상을 볼 수 있다.

그리고 햅틱 슈트도 있어. 이걸 입고 VR 체험을 하면 온몸으로 다양한 촉감과 압력을 느낄 수 있지.

유튜브에서 '가상 현실 슈트'를 검색하면 관련 동영상을 볼 수 있다.

그런데 넌 지금 뭘 만지고 있는 거야?

그게 뭔데…?

부드럽고 따뜻하고 말랑말랑한 거.

발전하는 햅틱 장치

햅틱 장치의 감촉은 크게 근육 감촉과 피부 감촉으로 나눌 수 있다. 무게·모양·단단함 등을 느끼는 게 근육 감촉이고, 표면 무늬·질감·온도 등을 느끼는 게 피부 감촉이다. 최근에는 수술 도구로 피부를 절개하거나 몸속 장기들을 다룰 때 느껴지는 촉감까지도 만들어 내는 의료 연습용 햅틱 장치까지 개발되어 그 쓰임새가 크게 늘어나고 있다.

QUIZ 9
VR 속에서 냄새를 맡을 수 있을까?

이건 노설러스 리프트야.

그건 또 뭐야?

노설러스 리프트…?

응, 냄새를 만들어 내는 가상 후각 장치야.

이 마스크를 쓰면 가상의 냄새를 맡을 수 있지.

킁킁!

썩은 생선과 똥 냄새를 뒤섞은 듯한 최악의 방귀 냄새!

노설러스 리프트는 방귀 냄새 전용 마스크다. 게임 속 캐릭터가 방귀를 뀌면 실제로 방귀 냄새가 난다.

그런 냄새를 왜 일부러 맡는 거야…?

변태냐?

▶ 유튜브에 'Nosulus Rift'를 검색하면 관련 동영상을 볼 수 있다.

너도 맡아 볼래?

너나 실컷 맡으세요!

가상 후각 장치, 필리얼

필리얼은 VR 속에서 냄새를 맡게 하는 가상 후각 장치이다. 이 장치는 정글·화약·바다·향수·불꽃 등 22가지의 다양한 냄새를 만들어 낸다. HMD와 코, 입을 모두 가리는 필리얼 마스크를 착용하면 HMD 영상에 맞춰서 냄새뿐만 아니라 바람, 물 등 4D 체험을 하게 해 준다. 또 필리얼의 내부 마이크를 이용해 다른 사람과 VR 속에서 대화할 수도 있다.

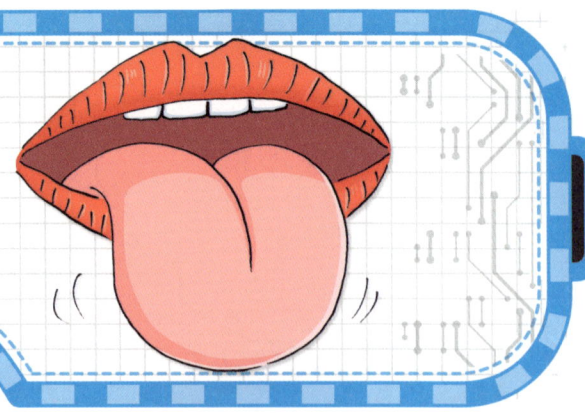

VR 속에서 맛을 느낄 수 있을까?

*전극: 전기가 드나드는 곳.

테이스트 플러스를 개발한 연구진에 의하면 신맛과 단맛, 쓴맛은 전기 자극으로, 매운 맛은 온도 자극으로 만들어 낸대.

오, 그렇구나!

▶ 유튜브에서 'VR Taste'를 검색하면, 연구진들이 전기로 맛을 만들어 내는 영상을 볼 수 있다.

20~30도의 온도에서 혀에 아주 약한 전류를 흘려 주면 신맛을 느낄 수 있대.

전기로 맛을 내다니, 그것 참 신기하네!

그런데 알고 보면 그리 신기한 일도 아니야.

왜…?

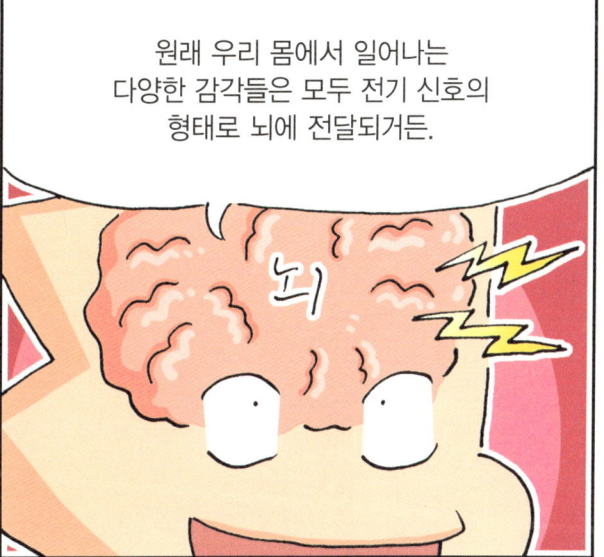

원래 우리 몸에서 일어나는 다양한 감각들은 모두 전기 신호의 형태로 뇌에 전달되거든.

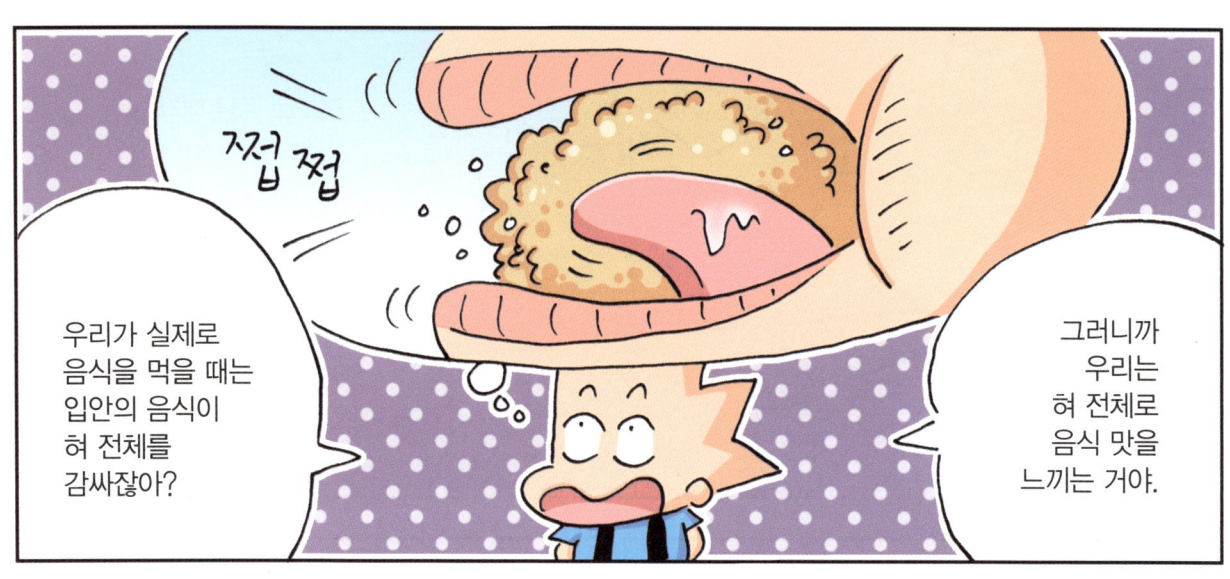
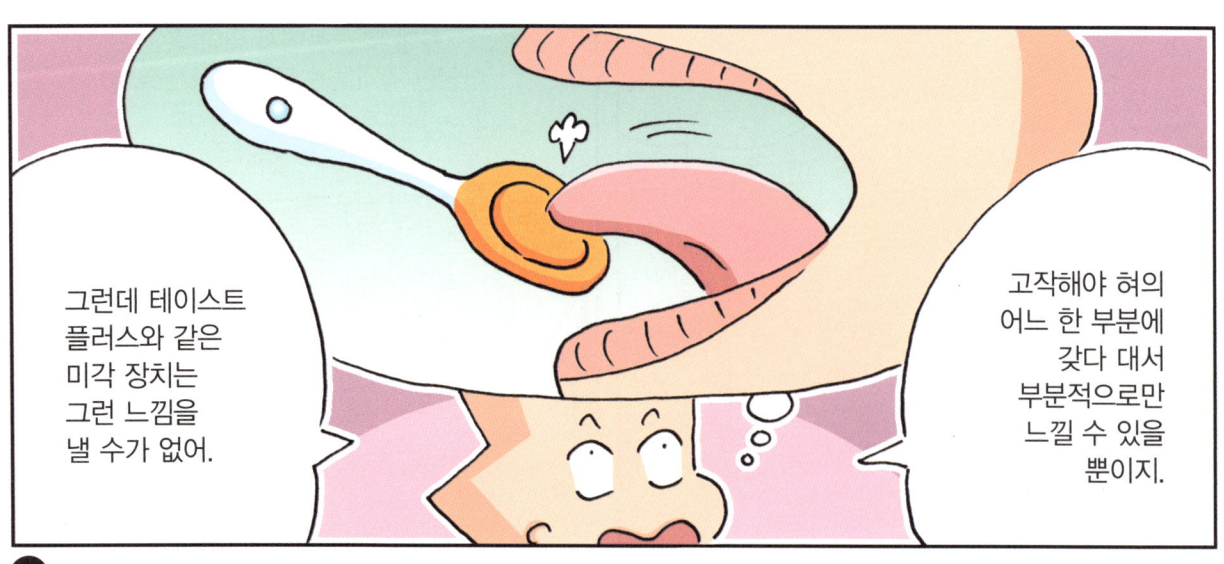

맛을 느끼는 두뇌

사람들은 음식을 먹을 때 혀로 맛을 느낀다고 생각한다. 하지만 실제로는 두뇌가 맛을 느끼는 것이다. '맛'이라는 자극은 혀를 통해 뇌로 전달되는데, 이때 '맛'은 전기 신호로 바뀌게 된다. 놀랍게도 달다·쓰다·짜다·맵다 등의 모든 맛이 전기 신호일 뿐인 것이다. 이 사실에서 힌트를 얻어 '테이스트 플러스'가 개발되었다.

QUIZ 11

케이블 로봇 시뮬레이터란?

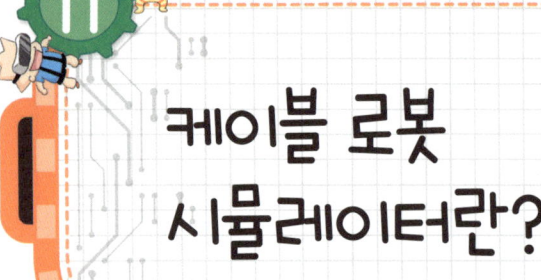

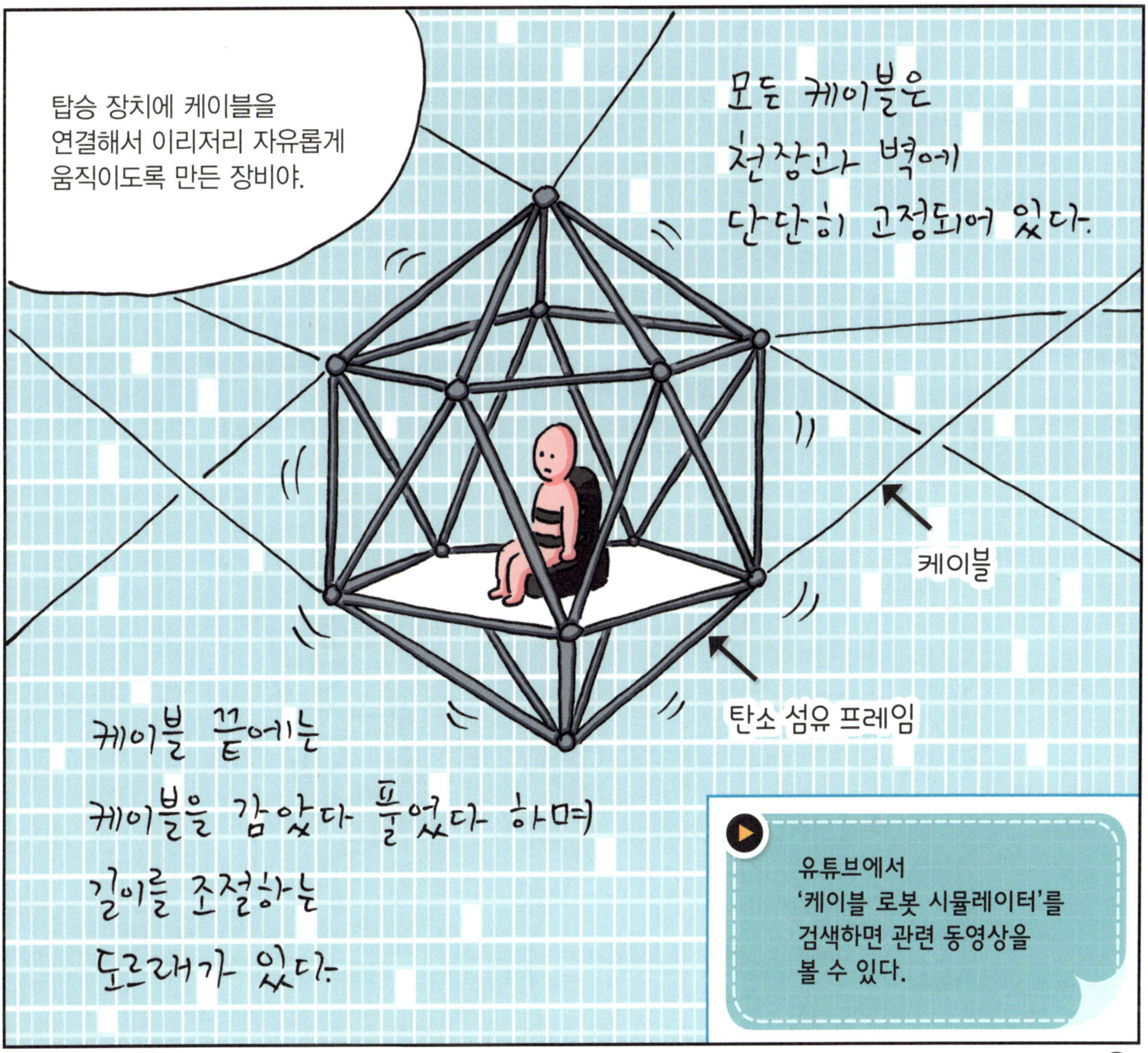

케이블 로봇 시뮬레이터

케이블 로봇 시뮬레이터는 모든 방향으로 자유롭게 움직일 수 있다. 이렇게 자유로운 움직임을 위해 케이블 로봇 시뮬레이터에는 80kg밖에 되지 않는 매우 가벼운 탄소 섬유 프레임과 1.5t(톤)의 무게를 지탱하는 8개의 케이블, 그리고 이 케이블을 감는 348kW(킬로와트)의 고출력 모터가 사용된다. 이 기기는 VR 게임은 물론 운전이나 비행 연습 등에도 사용되고 있다.

컨트롤러 그림 도구

디자인·패션·건축 등 다양한 분야의 예술가들이 VR 그림 도구에 대해 긍정적인 평가를 내놓고 있다. VR 그림 도구를 사용하면 가상의 공간에서 입체적인 제품을 미리 만들어 볼 수 있기 때문에 디자인을 효율적으로 조정할 수 있다. 또 본격적인 제작에 들어가기에 앞서 제품의 전체적인 느낌을 판단할 수 있어 매우 실용적이다.

VR 만화도 있을까?

지금은 4차 산업 시대! 그러니까 과학 공부를 많이 해야 해!

그런데… 무슨 책으로 공부를 하지?

그래! 과학이라면 역시 학습 만화지!

요즘 때가 어느 땐데 그런 촌스러운 만화책을 보고 있냐?

촌스럽다니…?

너, VR 만화 알아?

VR 만화…?

그래, 2017년에 미국의 오니라이드사가 3D 코믹북 '마그네틱'을 출시했는데, 그게 바로 최초의 VR 만화야!

HMD를 쓰고 이 만화를 보면 만화 속 장면들을 360도로 볼 수 있어!

2D 만화에서는 작가가 보여 주는 화면만 볼 수 있다.

3D VR 만화에서는 사용자가 자유롭게 고개를 돌려 2D 만화에서 볼 수 없었던 화면 밖의 모습까지 볼 수 있다.

VR로 즐기는 *웹툰

전 세계에서 웹툰 시장이 가장 활성화된 곳은 대한민국이다. VR 웹툰 시장은 아직 초기 단계라 미래를 예측하기가 어렵다. 하지만 웹툰보다 VR 웹툰 시장이 훨씬 더 클 것으로 전문가들은 내다보고 있다. 세계 최초로 VR 웹툰 플랫폼(웹툰을 연재할 수 있는 운영 체제를 갖춘 곳)이 생긴 것도 대한민국이다. 이제, 웹툰을 더욱 재미있고 생생하게 즐길 수 있는 날이 머지않았다.

*웹툰: 인터넷을 뜻하는 웹(Web)'과 만화를 뜻하는 '카툰(Cartoon)'의 합성어로, 인터넷 만화를 말한다.

QUIZ 14

VR로 운전 연습을 할 수 있을까?

왜 그래?

VR을 이용해서 발명을 해 보려는 중인데… 뭘 발명해야 할지 잘 모르겠어.

그래?

그럼 운전 연습하는 VR을 만들어 봐.

운전 연습…?

응, VR로 운전 연습을 하면 교통사고가 날 위험성이 전혀 없으니 운전을 배우려는 사람들에게 인기가 좋을 거야.

*시뮬레이션: 복잡한 문제를 해결하기 위해 실제와 비슷한 모형을 만들어 실험하는 일.

QUIZ 15

우주 비행사들이 VR로 훈련한다고?

하이브리드 리얼리티 시스템은 물리 엔진이나 웨어러블, 동작 추적 기술 등 최첨단 기술들이 총동원된 시스템이야!

물리 엔진: 실제 세계의 움직임을 그대로 재현해 내는 프로그램.
웨어러블: 안경·시계·옷 등의 형태로 몸에 착용하는 컴퓨터.
동작 추적 기술: 인간의 동작을 인식하는 컴퓨터 기술.

그런데 하이브리드가 무슨 뜻이지?

좋은 질문이야!

얘는 뭔 질문만 하면 좋은 질문이래!

하이브리드는 이런 뜻이야!

Hybrid 잡종, 혼합물

여러 가지 서로 다른 기술들을 한데 모아 만들었다고 해서 '하이브리드 시스템'이라고 하는 거지!

VR로 우주 비행 훈련을!

하이브리드 리얼리티 시스템의 다음 목표는 무중력을 실제로 실현하는 것이다. 그래서 하이브리드 리얼리티 시스템과 나사(NASA)의 존슨 우주 기지에 있는 인공 지능 로봇 크레인 '아르고스'가 결합한다. 아르고스는 우주 비행사의 체중을 조절하는 센서가 있어서 화성이나 달, 국제우주정거장처럼 낮은 중력이 있는 곳을 간접적으로 체험할 수 있게 된다.

이 프로젝트는 십자 모양의 기계 위에 엎드려서 HMD를 쓰고 2분짜리 영상을 보는 거야. 기계 앞쪽에 달린 팬에서 강한 바람이 나와 체험자가 실제로 하늘을 나는 듯한 느낌을 주지.

오, 실감 나겠는데?

▶ 유튜브에 'Birdly'를 검색하면 관련 동영상을 볼 수 있다.

드론을 이용하는 방법도 있어. 드론에 카메라를 달아 하늘에 띄우고 HMD와 *연동하면, 체험자는 드론이 날아다니면서 찍은 영상을 실시간으로 볼 수 있지. 체험자가 고개를 돌리면 드론의 카메라 방향도 따라 움직이기 때문에 마치 공중에서 내려다보는 듯한 느낌을 주지.

▶ 유튜브에 '가상 현실 드론'을 검색하면 관련 동영상을 볼 수 있다.

*연동: 기계나 장치에서 한 부분을 움직이면 연결되어 있는 다른 부분도 함께 움직이는 일.

난 그런 거 없어도 하늘을 날 수 있어!

또 개그냐?

파닥 파닥

이야압!

그만해라, 팔 아프겠다!

파닥 파닥

새처럼 하늘을 날다!

2015년에 VR 영화 '버들리'가 주목을 받았다. 사용자들은 높이 1m에서 움직이는 기계 위에 수평으로 엎드린다. 그다음 하늘을 나는 자세를 한 뒤 HMD를 쓰고 가상의 비행 영상을 관람한다. 버들리는 사용자가 새가 된 것처럼 몰입하게 만들어 많은 호응을 얻었다. 또 복잡한 기계 조종법을 익힐 필요 없이 새처럼 양팔을 퍼덕이면 떠오르고, 몸을 한쪽으로 기울이면 방향을 바꿀 수 있게 한다.

QUIZ 17

VR로 여행을 할 수 있을까?

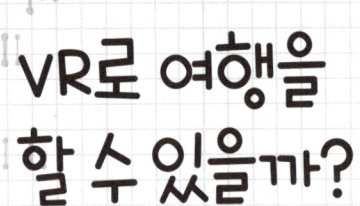

일반 카메라는 풍경의 어느 한 부분만 찍을 수 있지만, 360도 카메라는 풍경의 전후좌우, 위아래를 동시에 찍을 수 있어.

360도 카메라로 찍은 동영상을 HMD와 연결하면 내가 고개를 돌리는 대로 풍경이 바뀌기 때문에 마치 현장에서 직접 보는 듯한 느낌이 들지.

유튜브에서 '360도 카메라'를 검색하면 관련 동영상을 볼 수 있다.

그러니까 입체 영화를 보는 것과는 완전히 다른 느낌이야.

오, 정말 그렇겠구나!

VR로 떠나는 세계 여행

인터넷이나 TV를 보면 여행 관련 영상들이 많다. 이 영상들은 카메라가 비추는 곳만 볼 수 있다. 하지만 VR 여행 *콘텐츠는 360도 영상을 제공하기 때문에 사용자가 보고 싶은 곳을 마음대로 볼 수 있다. 이제 전 세계 많은 사람들이 시간이나 공간에 얽매이지 않고 집 안에서 자유롭게 세계 여행을 떠날 수 있게 되었다.

*콘텐츠: 컴퓨터 통신으로 제공되는 각종 정보.

VR로 환자를 치료할 수 있을까?

시뮬레이션 수술 훈련

2016년 8월, 노스캐롤라이나 대학의 리처드 페인즈 교수는 전공의(인턴과 레지던트)들이 시뮬레이션 수술 훈련을 통해 심장 수술 능력을 크게 향상시키고 있다는 연구 결과를 발표했다. 전공의들은 시뮬레이션 훈련을 거친 후 수술 평가에서 거의 만점에 가까운 점수를 받았다. 앞으로는 그보다 더 발전된 VR 기술이 의료 수준을 한층 더 높여 줄 것으로 기대되고 있다.

QUIZ 19

VR의 문제점은 무엇일까?

*청색광: 가시광선 중 눈에 해로운 자외선과 가장 근접한 영역의 빛. 영어로 '블루 라이트'.
*시각 세포: 빛을 받아들여 사물을 볼 수 있게 하는 감각 세포.

QUIZ 20

미래의 VR은 어떤 모습일까?

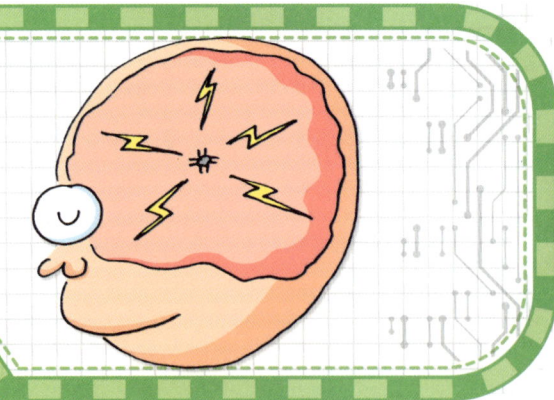

미래의 VR은 어떤 모습일까?

글쎄…?

꿈을 꾸는 것과 비슷하지 않을까?

꿈이라니…?

컴퓨터가 처음 생겼을 때 컴퓨터의 크기가 집채만 했었잖아. 그런데 지금은 어때? 컴퓨터가 손바닥처럼 작아졌으면서도 성능은 비교할 수도 없을 만큼 훨씬 뛰어나지?

응.

손 안의 컴퓨터

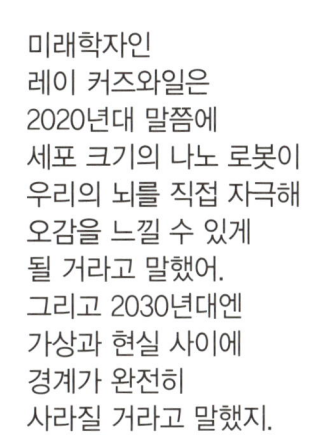

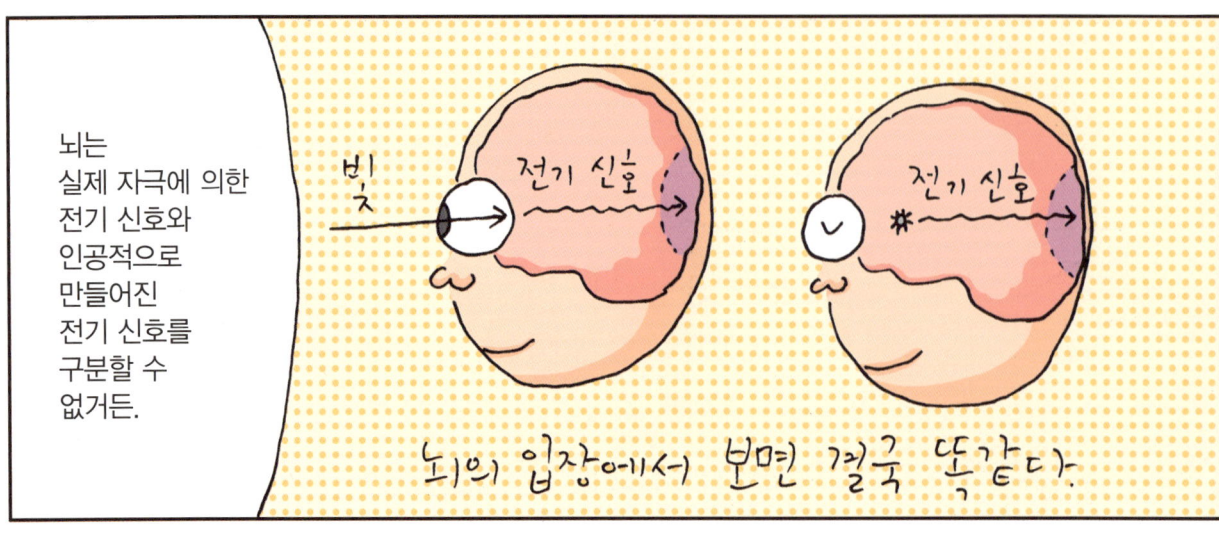

VR의 미래

구글에서 만든 새로운 VR 플랫폼의 이름은 데이드림(Day Dream)이다. 한자로 바꾸면 일몽(日夢), 즉 한낮에 꾸는 꿈이라는 백일몽(白日夢)과 같은 뜻이다. 실현될 수 없는 헛된 공상을 말하기도 한다. VR 기술은 게임·여행·운전·교육 등 다양한 분야에서 활용되고 있다. VR이 끊임없이 발전할지 아니면 백일몽으로 끝날지는 앞으로 더 지켜봐야 할 것이다.

우리는 시각·청각·후각·미각·촉각, 이렇게 5가지 감각을 통해 외부의 정보를 받아들이고 반응한다. 오감이 우리에게 미치는 영향은 시각이 83%, 청각이 11%, 후각이 3.5%, 촉각이 1.5%, 그리고 미각이 1%이다.
외부에서 들어온 빛·소리·냄새·맛·자극은 각각의 센서를 통과하며 모두 전기 신호로 바뀌어 우리의 두뇌에 전달된다. 결국 두뇌가 느끼는 것은 오로지 +와 −의 전기 신호뿐인 것이다.

 ## 미래의 기술은 어떤 모습으로 발전할까?

2020년 생체 인식 기술	사용자의 몸(땀·호흡·맥박·체온·유전자 등)을 기계가 인식하고 반응한다.
2025년 감정 인식 기술	사용자의 감정(기쁨·노여움·슬픔·사랑 등)을 기계가 인식하고 반응한다.
2030년 생각 인식 기술	사용자의 뇌파(델타파·세타파·알파파·베타파·감마파 등)를 기계가 인식하고 반응한다.

출처: 아스팩 미래 기술 경영 연구소

 우리의 마음 상태를 5가지 형태의 뇌파로 나타낼 수 있다.

델타파 0.5~3.5Hz
거의 의식이 없는 깊은 잠의 상태

세타파 4~7Hz
졸거나 꿈을 꾸는 얕은 잠의 상태

알파파 8~13Hz
명상을 하는 등의 안정된 상태

베타파 14~34Hz
눈을 뜨고 깨어나 활동하는 상태

감마파 25~100Hz
뭔가를 경험하고 학습하는 상태

Hz(헤르츠): 뇌파나 전기 주파수의 단위. 1초 = 1사이클 = 1Hz

AR이란 무엇일까?

VR과 AR의 차이점

많은 사람들이 VR과 AR을 혼동하고 있다. VR은 인물과 배경 모두 현실이 아닌 가상의 이미지를 사용한다. 이와 달리 AR은 실제 배경에 3D 가상의 이미지를 겹쳐서 하나의 영상을 보여 준다. 그래서 AR은 실제 배경과 연동되어 VR보다 현실감이 뛰어나다. 또 AR은 스마트폰이나 태블릿 PC 같은 휴대용 기기를 통해 누구나 쉽고 편리하게 접할 수 있다.

QUIZ 2

AR의 원리는 무엇일까?

위치 인식 기술은 스마트폰 카메라가 비추고 있는 위치 정보를 파악해 해당 위치와 관련된 정보를 겹쳐서 보여 주지. 이건 자동차 내비게이션에 쓰이는 GPS(위성 위치 확인 시스템) 기술을 활용한 거야.

대상 인식 기술은 스마트폰 카메라가 비추고 있는 대상의 이미지를 직접 파악해서 그 대상의 정보를 알려 주는 거지.

그리고 특정한 3D 영상 정보가 들어 있는 '*마커'를 인식해서 정보를 보여 주는 것도 대상 인식 기술이야.

이 마커 속에 내 정보가 담겨 있다는 거지?

*마커: 특정한 패턴이나 문양.

그럼 우린 위치 인식 기술이야, 대상 인식 기술이야?

자꾸 출연하지 마!

너흰 그냥 귀신 기술이야!

언제는 우리보고 증강 현실이라더니…!

나빴어!

발전하는 위치 인식 기술

AR 연구는 위치 인식 기술에서 시작해 끊임없이 발전하고 있다. 이는 위치 인식 기술을 앱에 적용해 만들기 쉬웠기 때문이다. 지금까지 개발된 AR 앱은 스마트폰 카메라·디지털 나침반·가속도계·GPS 등을 이용한 위치 인식 서비스들이 대부분이다. 실제로 우리나라의 한 업체가 만든 '약국 찾기' 앱은 제작에 걸린 시간이 겨우 3주밖에 걸리지 않았다.

QUIZ 3

AR은 어떻게 발전했을까?

결투다!

후후, 감히 내게 도전하는 거냐?

내 무술 실력이 천하제일이라는 걸 모르지 않을 텐데?

물론 알고 있다!

호오, 그걸 알면서도 나에게 덤빈다고?

용감한 거냐? 아니면 멍청한 거냐?

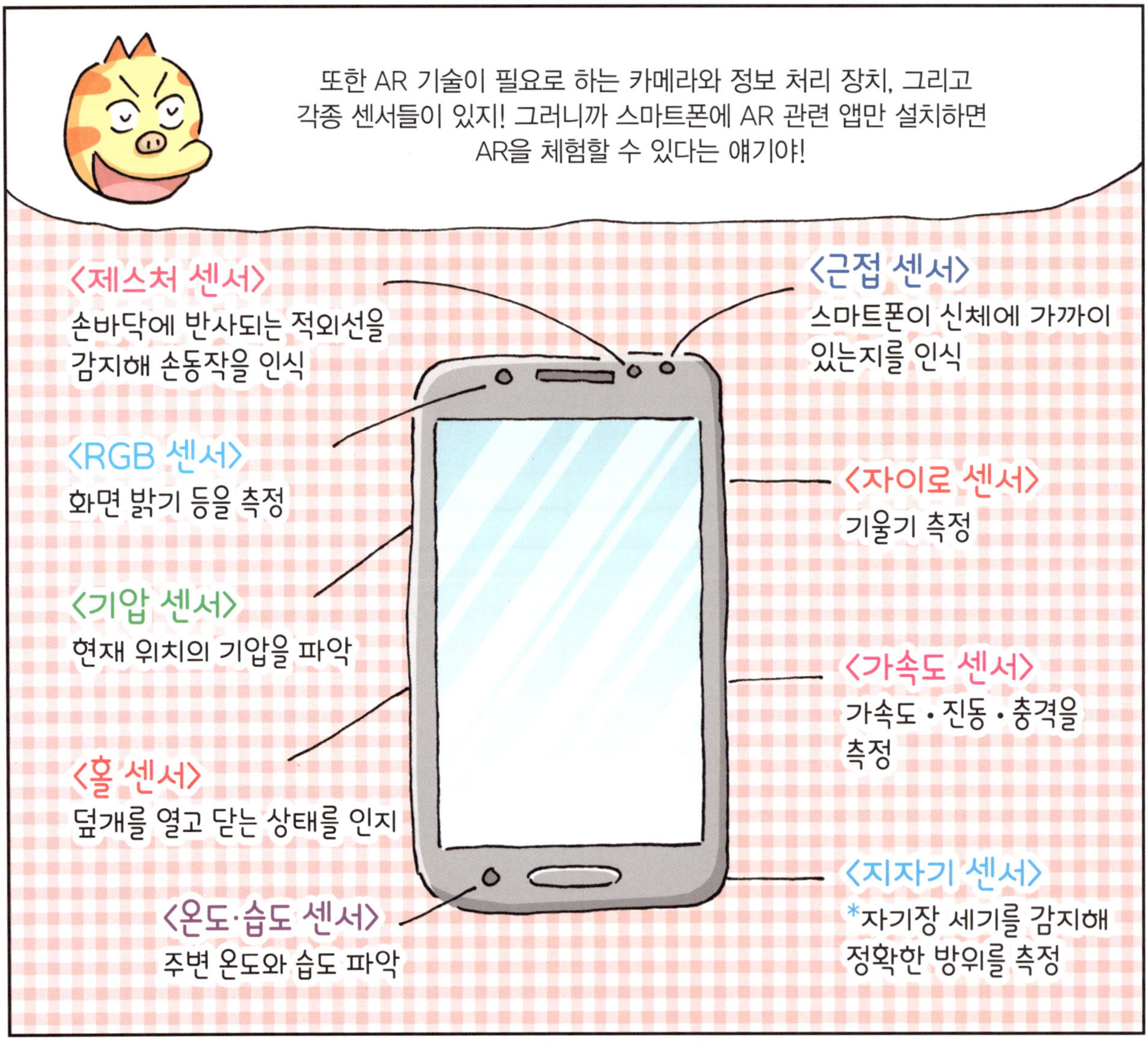

AR 기술의 도입

1990년 비행기 제조사인 '보잉'의 연구원 톰 코델이 AR 기술을 처음 도입했다. 그는 비행기 부품을 좀 더 빠르고 쉽게 조립하기 위해 AR 안경을 끼고 가상의 이미지를 보면서 작업했다. 하지만 1990년대의 AR 기기들은 크기도 너무 컸고 성능도 매우 낮았다. 그 후 스마트폰이 나오면서부터 AR 기술은 비로소 대중에게 널리 퍼질 수 있게 되었다.

스마트 글라스가 뭘까?

구글 글라스의 특징

스마트 글라스는 홀로렌즈를 비롯해 구글 글라스·애플 글라스·삼성 갤럭시 글라스 등 종류가 다양하다. 그중 구글 글라스는 AR 기술을 활용한 웨어러블 컴퓨터로 스마트폰처럼 사진 촬영·인터넷 검색·길 안내 등이 가능하다. 구글 글라스는 음성 명령을 통해 작동하며 한쪽 렌즈에 화면 출력용 프리즘이 달려 있어 눈앞에 약 25인치 크기의 가상 화면을 보여 준다.

QUIZ 5

AR이 VR보다 더 좋은 점은?

오늘은 조각가 꼬양 님을 모시고 인터뷰를 해 보겠습니다. 안녕하세요?

네, 안녕하세요?

꼬양 님은 AR 조각가로 알려져 있는데, AR 조각이 뭐죠?

AR 조각이란….

AR 글자를 조각하는 겁니다.

한데 뭉쳐서 조각품을 만들 수 있거든요!

이렇게!

얼굴 앞에 들이밀지 마요!

너 가져.

필요 없어!

딱

눈부시게 발전하는 AR 기술

2016년에 포켓몬고 게임이 전 세계적으로 크게 성공하기 전까지 사람들은 AR보다 VR에 더 관심이 많았다. 그당시 VR은 주로 게임과 비디오 엔터테인먼트에만 집중하고 있었다. 결국 사람들의 기대에 부응하지 못하고 저조한 성적을 내기에 이르렀다. 이와 달리 AR은 여러 분야에 걸쳐 다양한 기술을 개발해 냈다. 그 결과, 눈부신 발전과 함께 활용도도 커져 가고 있다.

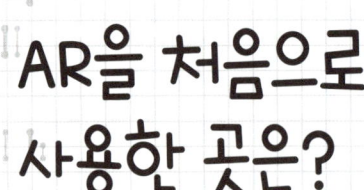

AR을 처음으로 사용한 곳은?

인터뷰를 계속하겠습니다! 꼬양 님의 작품 철학은 무엇입니까?

예, 또…

동물의 내면을 예술적으로 표현하는 것입니다.

대표적인 작품을 하나 꼽으신다면…?

'생각하는 고양이'.

오, 그 작품은 제가 샀는데…!

최초의 AR 실용화

AR은 비행기 부품을 조립할 때 처음 사용되었다. 이것이 시초가 되어 전투기 조종사가 비행할 때 필요한 정보들이 헬멧에 표시되는 비행용 HMD가 만들어졌다. 그 당시엔 AR 기기가 무척 비쌌기 때문에 일반인들이 체험하긴 쉽지 않았다. 2007년에 '아이 오브 저지먼트'라는 AR 게임이 나오면서 사람들에게 가까워지기 시작했다. 2016년 '포켓몬고' 게임이 전 세계적으로 인기를 끌며 AR이 대중화되었다.

QUIZ 7

AR로 수술을 할 수 있을까?

오, 역시 마음이 상했구려!
상한 부분을 잘라 내고
새로운 희망을 집어넣읍시다!

아… 알았소!
희망 가질 테니 진정하시오!

사람 잡을 일
있소?

어쨌든
상한 마음은
고쳤잖소!

AR 기술을 더한 뇌수술

2016년 미국 '마운트 시나이' 병원에서 AR 기술을 더해 최초로 뇌수술이 이루어졌다. 수술 의사는 환자의 뇌를 직접 보는 것과 같은 환경을 만든 뒤 뇌수술을 성공적으로 마칠 수 있었다. 눈으로 확인하기 힘든 뇌 부위를 AR 기술로 확인하는 게 가능해진 것이다. 그 당시에 의사는 "위험한 뇌수술에 AR을 사용하면 GPS를 켜고 실제 도로를 운전하는 것과 같다."라고 말했다.

QUIZ 9

과거 모습을 볼 수 있는 AR 서비스는?

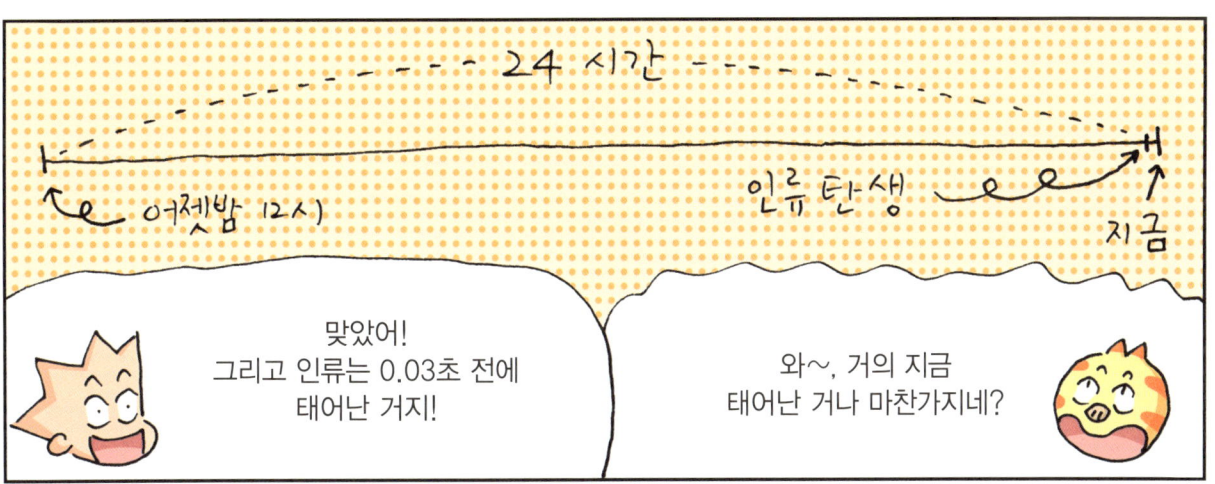

*빅뱅: 밀도도 크고 뜨거웠던 태초의 우주 상태에서 일어난 대폭발.

집에서도 즐기는 관광

프랑스 루브르 박물관은 '루브르-DNP 박물관 랩'이라는 서비스를 운영하고 있다. 이는 3D나 AR 기술 등을 이용해 관람객이 보고 있는 전시물들을 더 생생하고 자세하게 입체 영상 시뮬레이션으로 보여 주는 서비스이다. 이렇듯 세계 관광업계는 AR을 비롯한 여러 가지 신기술을 이용해 새로운 형태의 관광 서비스를 계속 만들어 내고 있다.

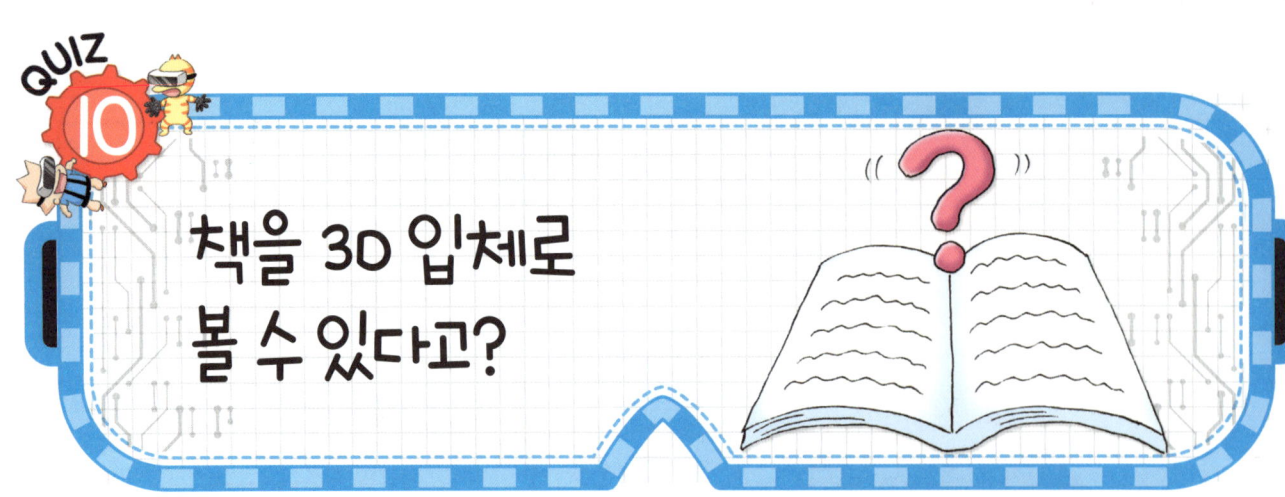

신기한 AR Book

AR Book은 입체 영상을 책과 함께 디지털 그래픽(그림·도형·사진 등 다양한 시각적 형상)으로 보여 주는 AR 기술이다. 예를 들어 공룡이 나오는 책을 펼치면 책 위에 공룡의 입체 영상이 나타난다. 이 입체 영상은 이리저리 돌려가며 관찰할 수도 있고 손 위에 올려놓을 수도 있다. 더 나아가서 실물 크기의 공룡이 발소리까지 내며 집 안을 돌아다니기도 한다.

QUIZ 11

몸속을 보여 주는 티셔츠가 있을까?

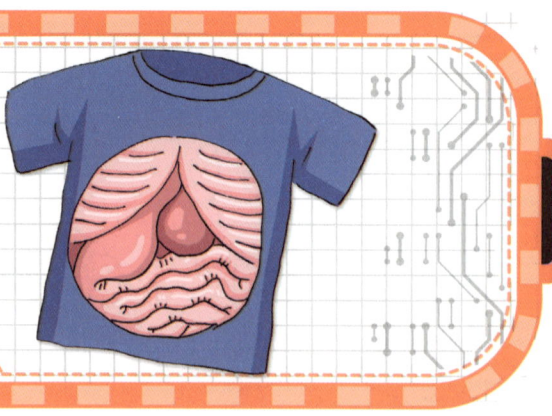

너, 버추얼리티가 뭔지 알아?

물론 알지!

Virtuality

버추얼리티는 '실제'라는 뜻이야!

아니, 그 버추얼리티 말고 이 버추얼리티!

Virtuali-Tee

이런 단어는 본 적 없는데…?

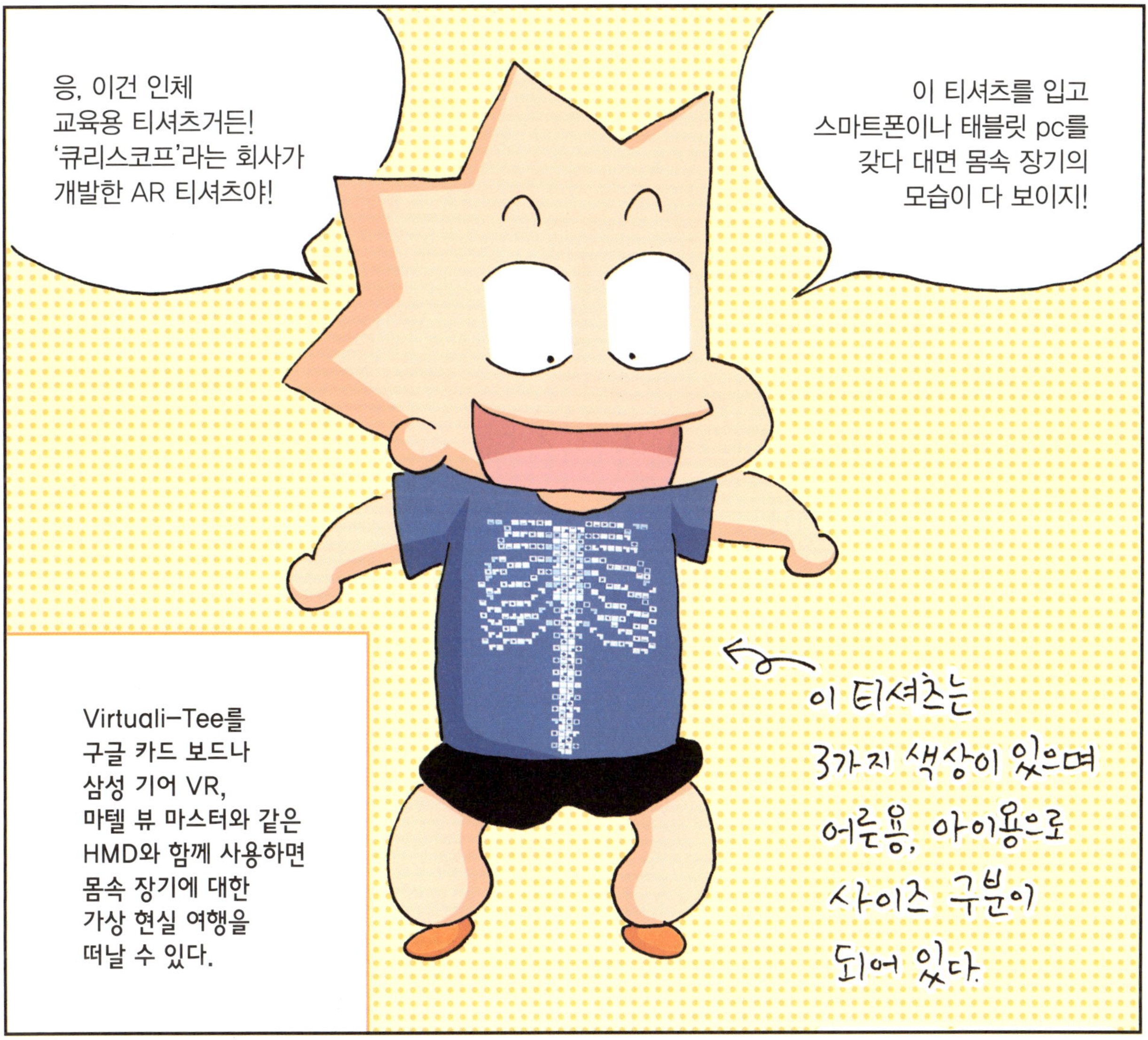

인체 학습에 활용되는 AR

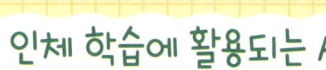

인체 학습에 관련된 AR 기술은 의대생들뿐만 아니라 일반인이나 어린이들에게도 인기가 높다. 복잡한 인체의 구성 요소들을 하나하나 입체 영상으로 자세히 보여 주기 때문이다. AR 덕분에 우리의 폐와 심장이 어떻게 움직이는지 들여다볼 수 있다. 또 우리의 손을 이루고 있는 작은 뼈들이 모두 몇 개인지 직접 세어 볼 수도 있다.

QUIZ 12

AR이 전쟁에도 사용될까?

지금은 군사용 AR이 예전보다 훨씬 더 발전했는데, 대표적으로 전술 증강 현실인 TAR을 들 수 있어!
스마트 글라스의 형태로 만들어진 TAR은 전투 지역의 복잡한 정보를 잘 정리해서 보여 주는 AR 기술이야!

Tactical Augmented Reality

▶ 유튜브에서 'Tactical Augmented'를 검색하면 관련 동영상을 볼 수 있다.

봐, 모르고 그냥 지나가잖아!

쌔애액—

전쟁놀이 하는 중

모르는 게 아니라 알 필요가 없는 거야!

군복은 또 어디서 난 거야?

오, 그렇군!

대장님, 밑에 어떤 애들이 군복 입고 숨어 있는데요?

전쟁놀이 하나 보지, 뭐!

쌔애액—

최첨단 군사용 AR 기술

군사용 AR 기술은 각종 센서가 감지하는 다양한 정보를 통합해 공유해 준다. 이 통합 정보를 가지고 적절한 상황 판단을 내릴 수 있도록 도와주어서 최첨단 시스템이라고 불리고 있다. 전투 중에 새로운 정보가 생기면 군인들이 착용하고 있는 AR 기기에서는 정보들이 실시간으로 바뀐다. 그래서 따로 무전하지 않고 작전에 참여한 군인들의 집중력을 크게 높일 수 있다.

QUIZ 13

AR로 상대방의 정보를 알 수 있을까?

*아이콘: 컴퓨터에 제공하는 명령을 문자나 그림으로 나타낸 것.

TAT사가 선보이는 AR 기술

스웨덴 TAT사의 'Augmented ID'는 일상 속에서 만나는 여러 사람의 디지털 정보를 AR 기기를 통해 알아내는 기능이다. 이 기능은 얼굴 인식 *소프트웨어를 활용해 주변 사람들의 트위터, 페이스북 같은 SNS에 손쉽게 접근할 수 있게 해 준다. 이 외에도 TAT사는 다양한 AR 효과를 많은 모바일 기기에 올려 여러 서비스를 보여 주고 있다.

*소프트웨어: 컴퓨터 프로그램 및 그와 관련된 문서들을 통틀어 이르는 말.

QUIZ 14

AR은 어떻게 사용되고 있을까?

AR을 활용한 사례들이 너무 많아서 다 얘기할 수가 없어!

그래도 최대한 얘기해야 해! AR 책이니까!

좋아, 그럼 게임부터 얘기하자!

먼저 AR 게임인 '아이펫'.

아이펫은 가상 애완동물 게임이야! 동작을 인식하는 PS3용 카메라인 PSE(Play Station Eye)를 통해 화면 속의 펫을 데리고 놀 수 있어! 아이펫은 화면 안에 살고 있는 가상 동물이지!

사용자는 PSE가 켜진 TV 앞에 앉아서 가상 펫과 상호 작용을 할 수 있어! 웃고 뛰고 구르는 것은 기본이고, 심지어 사용자가 그린 그림이 아이펫 게임 속에서는 현실이 되기도 하지!

▶ 유튜브에서 'EyePet'을 검색하면 관련 동영상을 볼 수 있다.

QUIZ 15

UI는 무슨 뜻일까?

*UI는 이런 뜻이야.

User Interface
사용자 접점

〈접점〉
2가지 주제나 시스템 등이 서로 만나서 영향을 주고받는 영역.

'사용자 인터페이스'라고 하는데 쉽게 말해서, 사람과 컴퓨터가 서로에게 반응하는 걸 말하는 거야. 컴퓨터가 뭔가를 보여 주면 사람이 거기에 반응하고, 사람의 반응에 또 컴퓨터가 반응하고. 그런 식으로 계속 반응을 주고받는 걸 '소통'이라고 하지.

*UI: 컴퓨터·스마트폰·내비게이션 등 디지털 기기를 작동하는 기법.

예를 들어 TV로 애니메이션을 보면서 캐릭터를 건드려도 TV 속 캐릭터는 아무런 반응을 안 하니까 그건 UI가 아닌 거야.

얘는 간지럼도 안 타네?

그런데 스마트 글라스를 쓰고 AR Book을 보면서 가상의 이미지를 건드리면 반응을 하지? 그런 걸 바로 UI라고 하는 거야.

까르르! 까르르!

웃음소리가 왠지 안 어울려!

고양 북

*프로젝터: 영상을 확대해 스크린에 비춰 주는 기기.

유튜브에서 'Dyadic Projected'를 검색하면, 사람의 움직임에 반응하는 홀로그램 테니스 공을 볼 수 있다.

현실 같은 SAR과 MR

유튜브에서 볼 수 있는 'Big Screen AR' 동영상은 사람들이 착각하기 좋게 만들어져 있다. 이 영상은 가상의 이미지가 눈앞에 나타난 것처럼 보이지만 사실은 실제와 가상의 이미지가 화면에서 합성되어 만들어졌을 뿐이다. 영상은 SAR, MR 기술이 더해져 있다. AR보다 업그레이드된 SAR, MR은 프로젝터로 실제 장소에 직접 가상의 영상을 띄워 실감 나는 체험을 제공한다.

AR이 해결해야 할 미래의 문제는?

지구는 정말 아름다운 별이야!

그래!

이 아름다운 지구를 잘 가꾸어 나가야 할 텐데….

AR 기술이 있으니 잘되겠지!

국적이 달라 서로 다른 언어를 사용하지만 실시간 번역이 화면 위에 뜨니까 의사소통에는 아무런 문제가 없어. 하지만 대화는 결국 업체 홍보로 끝나지.

근데 아직 일자리가 없으니깐 쫌만 더 기둘리셈. 우리 업체 계속 이용해 주시고~ 고갱님, 알라뷰~!

하아…!

주인공 한숨 소리

부-웅

허탈해진 주인공은 구글에 '난 누구?', '내가 가는 곳은 어디?' 이렇게 심오한 질문을 검색하지. 그런데 구글은 그냥 주인공의 정보가 담긴 영상과 지도를 보여 주지.

하아…!

← 주인공 한숨 소리

부-웅

주인공이 버스에서 내려 길을 걸어가는데, 지나가는 사람들의 머리 위로 위치 정보 아이콘이 뜨고 사방팔방에서 광고들이 정신없이 튀어나와. 마트로 들어가서 카트를 잡자마자 카트 장식용 가상 애완견이 보너스로 제공된다는 팝업이 뜨고, 마트 안의 상품 진열대 옆을 지나갈 때는 그 상품에 대한 정보가 떠. 그런데 갑자기 주인공의 AR 기기에 이상이 생겨서 시스템 관리 담당자들과 통화하고 리셋하자 시스템이 잠깐 꺼졌다가 다시 켜지지. 하지만 시스템은 여전히 불안해!

하아…!

← 주인공 한숨 소리

시스템 수리 센터로 가려고 마트 밖으로 나온 주인공에게 갑자기 신원이 확인되지 않는 정체불명의 괴한이 다가와 손바닥에 가상의 상처를 내지!
그러자 경보음이 울리면서 주인공의 데이터와 포인트가 몽땅 사라져 버려! 해킹을 당한 거야!
당황한 주인공은 AR 기기가 멈추기 직전 화살표가 마지막으로 가리킨 곳으로 다가갔는데, 그곳에는 '새 삶을 시작하라!'는 간판과 함께 예수 상이 있는 거야!

'새 삶을 시작하라!'는 말은 '예수 믿고 구원받으라!'는 뜻이지!

그리고 초기 단계로 리셋된 화면에 나타난 가상의 십자가를 손으로 따라 그리자 주인공의 AR 기기에 구원 포인트가 쌓이면서 영화가 끝나지!

오, 재미있겠다!

영화에서처럼 광고가 너무 많아지면 정말 공해 수준일 거야!

정말 구원받고 싶겠다!

그런데 사실은 나도 구원받고 싶어.

그러면 천국에 갈 수 있잖아!

미래의 AR 기술

지금의 AR 기술은 필요한 정보를 많이 보여 주는 데 치중한다. 하지만 미래에는 불필요한 정보를 걸러 주는 AR 필터링 기술이 발전할지도 모른다. AR 기술이 지금보다 훨씬 더 발전하면 개인 정보를 알아내기도 쉬워진다. 이럴 경우, 다른 사람의 정보를 몰래 스캔할 수도 있다. 이런 문제는 앞으로 AR 연구자들이 풀어야 할 큰 숙제이다.

GPS의 원리

인공위성이 1대일 경우

인공위성에서 측위점까지의 거리는 알 수 있지만, 동일한 거리에 있는 다른 측위점들도 많아 대상의 정확한 위치를 알아낼 수 없다.

측위점

인공위성이 2대일 경우

측위점이 2개로 줄어들어 인공위성이 1대일 때보다 정확하다.

인공위성이 3대일 경우

측위점을 1개로 줄여 대상의 정확한 위치를 알아낼 수 있다. 이것을 '삼각 측량'이라고 한다.

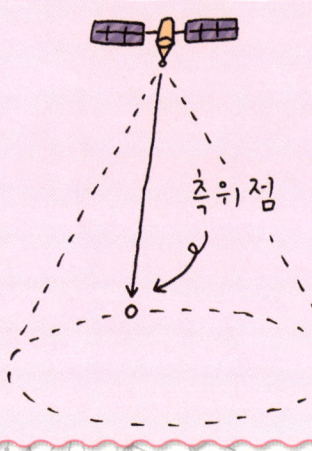

실제

삼각 측량법을 사용해도 여러 가지 변수로 오차가 생긴다. 전파를 굴절시키는 지구 대기권에 의해 약 30m의 오차가 생길 수 있다. 수신기 상태에 따라 약 10m, 또 전파를 반사시키는 주변 건물에 의해 약 1m의 오차가 발생할 수도 있다. 실제로는 최대한 많은 위성을 사용해 오차를 줄인다. 지구 위에는 30개의 GPS 위성이 돌고 있으며 지구 어디에서든 최소 6개 이상의 GPS 위성을 관측할 수 있다. 최근에는 기존의 GPS보다 더 정확한 DGPS와 CDGPS와 같은 기술이 개발되고 있다. 이 기술들은 1cm의 위치 변화까지도 정확히 포착해 내는 기술이다.

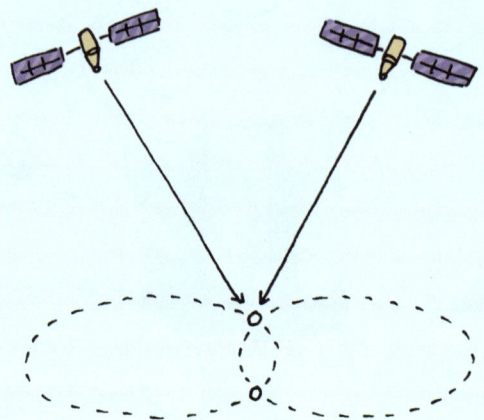
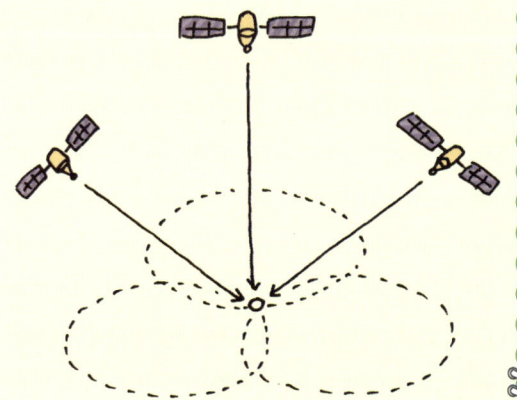

GPS는 누가, 왜 만들었을까?

GPS는 1973년부터 미국 국방성에서 개발하기 시작했어. 초기에는 미국의 군사용으로만 사용되었대. 목표물을 폭격할 때 GPS가 있으면 훨씬 더 정확하게 폭격할 수 있거든.

1983년, 대한항공 여객기가 실수로 옛 소련의 상공에 들어가서 격추되는 사건이 일어났어. 그 사건을 계기로 미국의 레이건 대통령이 "이런 비극이 일어나지 않도록 GPS를 민간인들에게 무료로 개방하겠다."라는 약속을 했지.

1990년, 미국은 민간인들이 GPS를 사용할 때 너무 정밀한 위치 정보는 얻을 수 없도록 고의적인 잡음을 보내기 시작했어. 그래서 미국의 군사용 GPS는 5~15m의 오차 범위를 가졌지만 민간용 GPS는 30~100m의 오차 범위를 가지게 되었지.

1995년에 21개의 위성과 3개의 보조 위성의 배치가 완료되어 완전한 GPS가 가동되기 시작했어. 2000년에 미국의 클린턴 대통령이 고의적인 잡음을 더 이상 보내지 않겠다고 선언해 민간용 GPS의 오차 범위가 30m 이하로 정밀해졌지.

일상 속 흥미로운 과학 법칙을 찾아라!

《퀴즈! 과학상식-과학 법칙》에서 어렵기만 한 과학 법칙을 흥미진진한 호기심 퀴즈 23개로 만나 보세요.

도기성 저 / 김혜진 감수

재밌는 만화로 배우는
퀴즈! 과학상식 현 88권

최강왕 현 28권

❶ 최강왕 동물 배틀
육지왕, 수중왕, 곤충왕을 가리는 동물들의 치열한 토너먼트 배틀! 무적의 야생 동물 36종을 소개한다.
이마이즈미 타다아키 감수

❷ 최강왕 곤충 배틀
파워, 스피드, 특수 무기를 가진 최강 곤충들의 흥미진진한 대결! 신기한 곤충 32종을 알아본다.
오노 히로쓰구 감수

❸ 최강왕 공룡 배틀
오래전 지구를 지배했던 무시무시한 공룡들의 긴장감 넘치는 배틀 현장! 무시무시한 공룡 30종을 만나 본다.
츠치아 켄 감수

❹ 최강왕 위험 생물 대백과
신기한 특수 능력, 무시무시한 맹독, 뛰어난 공격 기술을 자랑하는 100종의 위험 생물을 알아본다.
이마이즈미 타다아키 감수

❺ 최강왕 고기 생물 대백과
오싹한 생김새의 희귀 생물 80종! 생물들의 특이한 습성과 생태, 뛰어난 생존 능력 등을 소개한다.
크리에이티브·스위트 지음

❻ 최강왕 놀라운 생물 대백과
생물 77종의 신기한 생태와 습성, 안타까운 진화 이야기를 감동적인 동물 실화 11편과 함께 만나 본다.
이마이즈미 타다아키 감수

❼ 최강왕 오싹한 요괴 대백과
오싹한 생김새의 공포 요괴 80종! 요괴들의 특징과 능력 등을 알아보고 요괴 옛날이야기도 만나 본다.
코마츠 카즈히코, 이이쿠라 요시유키 감수

❽ 최강왕 공룡 대백과
독특한 공격과 방어 능력을 가진 거대하고 무시무시한 108마리 공룡들을 시대별로 만나 본다.
히라야마 렌 감수

❾ 최강왕 공룡 랭킹 슈퍼 대백과
능력치·크기·길이·특징 등 다양한 분야에서 121마리 공룡들과 생물들의 흥미진진한 순위를 살펴본다.
히라야마 렌 감수

❿ 최강왕 요괴 랭킹 슈퍼 대사전
생김새·능력·유형·오싹함 등 다양한 분야에서 누가 진정한 요괴인지 130마리 요괴들의 순위를 살펴본다.
코마츠 카즈히코, 이이쿠라 요시유키 감수

⓫ 최강왕 곤충 슈퍼 대도감
나비·잠자리·벌·매미·노린재 등 곤충 무리별로 나눈 우리나라 곤충 150마리의 생생한 생태를 살펴본다.
이수영 글/사진, 남상호 감수

⓬ 최강왕 위장 생물 배틀
나뭇잎·모랫바닥·사람 얼굴 등으로 변신하는 위장 생물 63종의 놀라운 생존 방법을 살펴본다.
위장 생물 배틀 편집부 지음, 기타무라 신이치, 모리마츠 테루오 그림

⓭ 최강왕 신비한 우주 슈퍼 대백과
우주의 탄생, 다이아몬드 행성, 가장 거대한 별 등 우주에 관한 놀라운 8가지 비밀을 소개한다.
레커사 편저, 최기명 감수

⓮ 최강왕 공포 수수께끼 배틀
가장 재미있고, 인기 있는 수수께끼를 귀신들의 흥미진진한 배틀을 통해 만나 본다.
편집부 구성, 차현진 그림

⓯ 최강왕 독 생물 대백과
무시무시한 맹독과 뛰어난 공격 기술로 자신을 지키는 세계 최강 독 생물을 만나 본다.
시바타 요시히데 지음

⓰ 최강왕 무시무시 놀라운 동물 대백과
놀랍고, 신기하고, 무시무시한 180종의 다양한 동물들을 생생한 사진과 함께 살펴본다.
시바타 요시히데 지음

⓱ 최강왕 공중 생물 배틀
하늘을 지배하려는 초강력 공중 생물 169종의 치열한 싸움의 기술을 알아본다.
시바타 요시히데 지음

⓲ 최강왕 공포 요괴 배틀
신기하고 오싹한 요괴 125종의 치열한 배틀을 만나 본다.
이리사와 마코토 지음

⓳ 최강왕 오싹오싹 몬스터 배틀
기상천외한 공격 기술을 가진 몬스터 32종의 흥미진진한 배틀을 만나 본다.
이리사와 마코토 지음

⓴ 최강왕 UMA 미확인 생물 대백과
소문으로만 전해지던 UMA 미확인 생물 135종의 정체를 목격자들의 생생한 증언을 통해 확인한다.
미확인생물미스터리연구회 편저

㉑ 최강왕 UMA 미확인 생물 최강왕 결정전
무섭고도 신비한 전 세계 32종 UMA들의 치열한 배틀을 살펴본다.
UMA연구조사대 편저

㉒ 최강왕 초강력 위험 생물 최강왕 결정전
전 세계 가장 포악한 32종 생물들의 치열한 배틀을 살펴본다.
Creature Story 편저

㉓ 초위험 세계 곤충 최강왕 결정전
세계 곤충 40종이 펼치는 배틀을 통해 필살 싸움 기술을 알아본다.
Creature Story 편저

㉔ 초격돌 공포 생물 최강왕 결정전
강력한 필살기로 무장한 공포 생물 48종의 치열한 배틀이 시작된다.
Creature Story 편저

㉕ 최강왕 초박력 세계 몬스터 대백과
신화와 전설 속 신비로운 몬스터 103종을 만나 본다.
야마구치 빈타로우 지음

㉖ 최강왕 초위험 수중 생물 최강왕 결정전
수중 생물 32종이 펼치는 가장 위험한 배틀을 살펴본다.
Creature Story 편저

㉗ 최강왕 이종 최강 생물 올스타 대결전
다섯 종족을 대표하여 나온 최강 출전 선수 48종의 배틀이 시작된다!
Creature Story 편저

㉘ 최강왕 초강력 무적의 드래곤 최강왕 결정전
신비로운 환상 몬스터들이 펼치는 예측 불가한 배틀이 시작된다.
Creature Story 편저

★각 권 160~260쪽 내외
★정가 10,000~13,000원
★최강왕 시리즈는 계속 나옵니다.